Sobrevivientes siberianos

EDICIÓN PATHFINDER

Por Rene Ebersole

CONTENIDO

Por Rene Ebersole

Sobrevivientes siberianos

El tigre siberiano es un felino resistente. Los estudios demuestran que que ha aumentado su población.

Howard Quigley ha sido acechado por un jaguar, atacado por un oso negro y carcomido por los parásitos. Pero lo que más lo atemorizó fue cuando se encontró cara a cara con Olga, una tigresa siberiana.

Recuerda aquel día de 1991 cuando vio a Olga por primera vez. Parece que fue ayer.

Encuentro purr-fecto

Corrió un escalofrío por la columna vertebral de Quigley cuando Olga emitió un rugido feroz. No estaba seguro de cuál sería el próximo paso de ese felino enojado. ¿Se quedaría quieta? ¿Saldría corriendo? ¿O lo atacaría súbitamente?

El **biólogo** permaneció en calma. Apuntó cuidadosamente al tigre con su arma tranquilizante. Luego oprimió el gatillo. Un dardo remontó el aire dirigido hacia el felino.

¡Dio justo en el blanco! El dardo le pegó a Olga en el hombro. Se tambaleó y lentamente cayó con todo su peso al suelo, dormida.

Mientras el felino dormía, Quigley y su equipo de científicos comenzaron a trabajar. Debían ser cuidadosos; un tigre hembra puede pesar 370 libras. Querían terminar su trabajo antes de que el felino despertara.

Los científicos tomaron muestras de sangre, controlaron los latidos del corazón de Olga y midieron su cuerpo desde la cabeza hasta la cola.

Garras de gato. *Los tigres tienen cinco dedos en sus patas delanteras y cuatro dedos en sus patas traseras.* INSERTO: *un científico coloca un radio collar en un tigre.*

También le colocaron un radio collar alrededor del cuello. El collar envía una señal de radio, una serie de bips, que ayudan a los científicos a rastrear los movimientos del animal.

Rastro de gato

Quigley tenía la esperanza de que el collar de Olga lo ayudaría a aprender más acerca de los tigres siberianos. La velocidad de los bips emitidos por su collar le informarían sobre los hábitos de la tigresa. También le dirían a Quigley cuándo estaba durmiendo, cazando, mudándose a un territorio nuevo; o si estaba muerta.

Quigley necesitaba aprender todo lo que podía acerca de los hábitos de Olga. Su objetivo es evitar que los tigres como estos desaparezcan de la selva para siempre o que se **extingan.**

Quigley quiere proteger a los tigres siberianos porque sabe lo que les pasó a otros tigres. En el siglo pasado, desaparecieron tres especies o clases de tigres. Quedan solo cinco especies, incluyendo los tigres siberianos.

Cazadores y pociones

Cuando Quigley vio a Olga por primera vez, muchos expertos en vida silvestre estaban preocupados por la posible extinción de los tigres siberianos. Su **hábitat,** u hogar, casi había desaparecido.

Alguna vez estos grandes felinos habían habitado la zona desde Rusia Oriental hasta Corea del Sur. A principios de 1900, la caza indiscriminada aniquiló a la mayoría. ¡Quedaron menos de 50!

Para 1947 se aprobaron leyes para proteger a los tigres. Las leyes ayudaron un poco. Pero Olga y otros tigres aún se enfrentan a serias amenazas.

En Asia, algunas personas piensan que ciertas partes de los tigres se pueden utilizar para preparar medicinas tradicionales. Casi todas las partes del cuerpo se usan para preparar alguna clase de poción. Los cerebros, las colas y los bigotes por ejemplo, se utilizan para realizar toda clase de tratamientos, desde tratar el acné hasta los dolores de muelas y la parálisis.

Los **cazadores furtivos,** personas que cazan ilegalmente, pueden ganar US$15.000 vendiendo solo un tigre muerto. Es más dinero que el que pueden ganar la mayoría de las familias asiáticas en varios años.

Hecho de otra madera

La caza furtiva no es el único peligro al que se enfrentan los tigres. Los felinos están perdiendo su hábitat en la selva.

La taiga rusa es el bosque más grande que existe en el planeta. Los científicos dicen que allí crece un tercio de todos los árboles del mundo. Muchos tigres siberianos y sus presas (alce, jabalí y ciervo) también viven allí.

Pero los animales no están solos en la selva. Muchas personas se están mudando a esa zona. Están talando árboles y el hábitat de los tigres.

Abre la boquita. *Un tigre saca la lengua para buscar olores. Detectando los gustos con su lengua, un tigre puede saber de dónde proviene cada olor. Esto se llama "reflejo de Flehmen".*

Gran trepador. *Igual que los gatos domésticos, los tigres siberianos pueden trepar árboles.*

Protegiendo al tigre

El hábitat del tigre no tiene que ser destruido. Quigley piensa que las personas pueden encontrar una forma de equilibrar sus necesidades con las de los tigres. "Es difícil decirles a los rusos que no pueden vender sus recursos naturales", dice Quigley. "Es importante encontrar la manera de manejar los bosques para que los tigres y sus presas puedan seguir teniendo un lugar donde vivir".

Muchos expertos dicen que podemos manejar los bosques sin dañar a los felinos. Algunos árboles se pueden talar y otros se pueden dejar. Esto podría permitir que las personas y los tigres compartan los bosques.

Proteger el hábitat de los tigres incluso podría ayudar a las personas que viven a su alrededor a ganar dinero. Los turistas podrían viajar para ver a los tigres. El turismo crearía puestos de trabajo para los habitantes del lugar. Las personas con trabajos bien pagos son menos propensas a participar en la caza furtiva de tigres.

¿Han triunfado los tigres?

Los científicos están buscando maneras de proteger a Olga y a otros tigres. Hasta ahora, han ayudado a formar brigadas de lucha contra los caza ilegal para mantener a los cazadores furtivos fuera del bosque.

Las brigadas buscan señales de cazadores furtivos que hayan estado en el bosque. Si descubren cartuchos de armas o trampas, saben que tienen que buscar a los cazadores furtivos. El trabajo vale la pena. Han ayudado a detener a varios.

Igual siguen cazándose furtivamente algunos tigres y su hábitat sigue achicándose. Pero la cantidad de tigres siberianos está aumentando. Actualmente hay casi 400 en la

La realidad del tigre

🐾 Los tigres viven en la naturaleza solo en Asia.

🐾 Los tigres hembra generalmente tienen dos o tres cachorros por vez.

🐾 Un cachorro recién nacido pesa entre 2 y 3 libras.

🐾 Un tigre adulto macho pesa hasta 550 libras.

🐾 Los felinos grandes como los tigres pueden rugir, pero no pueden ronronear.

🐾 El tigre es uno de los pocos felinos que disfrutan de nadar en el agua.

Gatito presumido. *Un cachorro de tigre siberiano camina en la nieve en el zoológico de Omaha. Aproximadamente 800 tigres siberianos viven en zoológicos.*

naturaleza. Algunos incluso se están trasladando a zonas donde no se los ha visto durante años.

Cuatrocientos tigres puede no parecer gran cantidad. No lo es. Pero es el comienzo. Actualmente existen más tigres que hace 100 años. Y el número sigue en aumento.

No solo los tigres siberianos están mejorando, Olga también. Se está desarrollando muy bien. En mayo de 2002, dio a luz a su sexta camada de cachorros. En gran medida, ha ayudado a los felinos en peligro de extinción a recuperarse de una manera asombrosa.

Para las personas, ¿es importante encontrar la manera de vivir cerca de los animales salvajes? ¿Por qué sí o por qué no?

Vocabulario

biólogo: *científico que estudia la vida*

cazadores furtivos: *cazadores ilegales*

extinto: *completamente desaparecido*

hábitat: *lugar donde viven plantas y animales*

radio collar: *dispositivo usado para rastrear animales*

Tipos de tigre

En la actualidad viven cinco especies, o clases, de tigres. Son todos parecidos. Sin embargo, sus rayas forman patrones distintos. Las especies también tienen distintos tamaños.

Bengala

Tamaño Los tigres de Bengala machos miden aproximadamente 9 pies de largo y pesan casi 500 libras.

Dieta los tigres de Bengala se alimentan principalmente de ciervos y ganado salvaje.

Población Los científicos creen que viven en la naturaleza entre 3000 y 5000 tigres de Bengala.

¡Es un hecho! Algunos tigres de Bengala son blancos con rayas negras. Los tigres blancos son muy raros. ¡No se ha visto ninguno en estado salvaje desde la década de 1950!

Siberiano

Tamaño Los tigres siberianos son los felinos más grandes del mundo. Los siberianos machos pueden crecer hasta más de 10 pies de largo y pesar más de 600 libras.

Dieta Los tigres siberianos se alimentan principalmente de alce y jabalí.

Población Los científicos piensan que quedan menos de 400 tigres siberianos en estado salvaje.

¡Es un hecho! Los tigres siberianos tienen el pelaje más grueso que cualquier otra clase de tigre. Los inviernos son muy fríos donde viven. Necesitan un pelaje grueso para mantenerse abrigados.

de Indochina

Tamaño Los tigres de Indochina machos crecen hasta medir aproximadamente 9 pies de largo y pesar tanto como 400 libras.

Dieta Estos felinos rayados se alimentan de cerdos salvajes, ganado salvaje y ciervos.

Población Los científicos piensan que quedan menos de 2000 tigres de Indochina en todo el mundo.

¡Es un hecho! Algunas rayas de los tigres de Indochina se dividen en filas de lunares. Esta es una de las maneras en las que los tigres de Indochina se diferencian por su aspecto de otras especies de tigres.

de Sumatra

Tamaño Los tigres de Sumatra son la clase de tigres más pequeña. Los machos miden aproximadamente 8 pies de largo y pesan menos de 300 libras.

Dieta Los tigres de Sumatra se alimentan con cerdos salvajes y ciervos.

Población Los científicos piensan que solo 400 tigres de Sumatra viven en la naturaleza.

¡Es un hecho! Los tigres de Sumatra se encuentran solo en la isla de Sumatra. La mayoría de estos tigres viven en los parques nacionales de la isla.

del sur de China

Tamaño Los tigres del sur de China machos miden aproximadamente 8 pies de largo y pesan aproximadamente 330 libras.

Dieta Se conoce muy poco acerca de la alimentación de estos tigres en estado salvaje, ya que se han visto muy pocos.

Población No se han observado tigres del sur de China en estado salvaje en los últimos 20 años.

¡Es un hecho! El tigre del sur de China es el más excepcional de todas las especies de tigres. Se conoce la existencia de menos de 60 tigres del sur de China que viven en zoológicos.

EUROPA

MONTES URALES

Río Ob

Río Yenisei

Río Lena

Río Amur

Río Irtish

Mar Aral

Lago Baikal

A S I A

GOBI

T I A N   S H A N

Río amarillo

H I M A L A Y A

Río Indo

Río Yangtzé

Bramaputra

Río Ganges

Río Mekong

Bahía de Bengala

Mar del Sur de China

Borneo

Sumatra

OCÉANO ÍNDICO

Clave del mapa

- Montaña
- Desierto
- Bosque de coníferas
- Bosque de árboles caducos
- Bosque tropical
- Pradera
- Cenagal
- Tundra
- Volcán
- Territorio de los tigres

Área ampliada

N
O · E
S

OCÉANO
PACÍFICO

• Tierra del tigre

En estado salvaje, los tigres viven solo en Asia. Los grandes felinos viven en muchas clases de hábitats distintas. Viven en todos lados desde pantanos y marismas, hasta bosques tropicales húmedos y fríos bosques de abetos. Todo lo que necesitan para sobrevivir es sombra, agua, comida y espacio, mucho espacio. Cada tigre necesita tierra donde deambular y cazar. Los tigres generalmente cazan de noche. Comen antílopes, ciervos, cerdos salvajes y otros grandes mamíferos. Pueden comer 50 libras de carne en una noche.

	Tigre	Cantidad en estado salvaje	Características
🐾	Bengala	3,159–4,715	Algunos tigres de Bengala tienen pelaje blanco
🐾	de Indochina	1,227–1,785	Son más pequeños y oscuros que los de Bengala
🐾	Siberiano	aprox. 400	Los tigres siberianos son los felinos más grandes del mundo.
🐾	Sur de China	menos de 60	Este tigre tiene rayas cortas y bien espaciadas
🐾	De Sumatra	aprox. 400	El más oscuro de los tigres, tiene rayas más juntas

Tigres

Es hora de rastrear cuánto aprendiste sobre los tigres.

1 ¿Cómo ayudan los radio collares a que los biólogos estudien a los tigres?

2 ¿Por qué caza tigres la gente?

3 ¿Por qué es importante proteger los hábitat de los tigres?

4 ¿En qué se parecen las cinco especies vivas de tigres

5 ¿Los tigres en estado salvaje sobreviven mejor en la actualidad que antes? Explica.